BEI GRIN MACHT SICH IHR WISSEN BEZAHLT

Jessica Bischof

Das Petrusgrab in Rom als Beweis für den dortigen Aufenthalt des Apostels?

Eine Auseinandersetzung mit der Quellenlage

GRIN Verlag

Bibliografische Information der Deutschen Nationalbibliothek:

Die Deutsche Bibliothek verzeichnet diese Publikation in der Deutschen National-
bibliografie; detaillierte bibliografische Daten sind im Internet über http://dnb.d-
nb.de/ abrufbar.

Impressum:

Copyright © 2011 GRIN Verlag GmbH
Druck und Bindung: Books on Demand GmbH, Norderstedt Germany
ISBN: 978-3-640-92365-6

Dieses Buch bei GRIN:

http://www.grin.com/de/e-book/172417/das-petrusgrab-in-rom-als-beweis-fuer-
den-dortigen-aufenthalt-des-apostels

GRIN - Your knowledge has value

Der GRIN Verlag publiziert seit 1998 wissenschaftliche Arbeiten von Studenten, Hochschullehrern und anderen Akademikern als eBook und gedrucktes Buch. Die Verlagswebsite www.grin.com ist die ideale Plattform zur Veröffentlichung von Hausarbeiten, Abschlussarbeiten, wissenschaftlichen Aufsätzen, Dissertationen und Fachbüchern.

Besuchen Sie uns im Internet:

http://www.grin.com/

http://www.facebook.com/grincom

http://www.twitter.com/grin_com

Haranni Gymnasium Herne

Städt. Gymnasium für Jungen und Mädchen

Hermann-Löns-Straße 58

44623 Herne

Facharbeit im Grundkurs katholische Religionslehre (2),

Das Petrusgrab in Rom als Beweis seines dortigen Aufenthaltes?

Eine Auseinandersetzung mit der diesbezüglichen
Quellenlage

Jessica Bischof

18.03.2011

Inhaltsverzeichnis

1. Einleitung

Ein einziges großes Kunstwerk: riesige Marmorsäulen, edle Kunstwerke aus Gold und Mosaik, Schmuckstücke der bedeutendsten Künstler der Geschichte – der Petersdom. Gelingt es, den Blick von all dem abzuwenden, blickt man in strahlende Gesichter, die fasziniert und beeindruckt sind von der unglaublichen Weite des Raumes und all dem Glanz der Petersbasilika. Vor dem riesigen Hochaltarziborium Berninis versammeln sich Pilger der verschiedensten Nationen an der Confessio: sie alle schauen über die 92 ewigen Lichter hinab zum „Grab" des heiligen Petrus. Bei einem Blick nach oben zur Kuppel Michelangelos erkenne ich die lateinische Inschrift: *„Tu es Petrus et super hanc petram aedificabo ecclesiam meam et tibi dabo claves regni caelorum."*[1], in der deutschen Übersetzung: *„Du bist Petrus, und auf diesen Felsen werde ich meine Kirche bauen, und Dir gebe ich die Schlüssel zum Himmelreich."* (Mt 16, 18). Mit diesen Worten soll Jesus sich der Bibel zufolge an Simon Barjona, genannt Petrus, gewandt haben.

Während ich noch von der Pracht des Doms beeindruckt bin, halte ich ein stilles Gebet, verlasse die Kirche und beginne mir, trotz tiefer Glaubensüberzeugung, irgendwann die Frage zu stellen, ob Petrus nun tatsächlich in Rom war und ob ich wirklich in der Basilika stand, die über seinem Grab errichtet worden ist. Heute, etwa 2000 Jahre nachdem Jesus der Überlieferung zufolge die oben genannten Worte zu seinem Jünger sprach, fragen sich noch viele neben mir: Ist Petrus nun „der Felsen"? Hat er tatsächlich einst den Weg nach Rom auf sich genommen um die heilige Botschaft Christi zu verkünden bevor er dort eines Märtyrertodes starb? Ist er tatsächlich der Grundstein der Kirche und das wahre Fundament von Sankt Peter? Mit diesen Fragen beschäftigen sich Forscher, Kritiker und auch Geistliche schon seit etwa 700 Jahren, doch das Problem scheint unlösbar. Offenbar gibt es für die Wissenschaft keine eindeutigen Belege, um diese Frage mit präziseren Antworten als „eventuell" oder „wahrscheinlich" zu beantworten.

Das zu Beginn geschilderte Erlebnis nehme ich zum Anlass, mich im Rahmen meiner Facharbeit ebenfalls der Frage nach dem Aufenthalt des heiligen Petrus in Rom zu widmen und einige Hinweise genauer zu untersuchen. Meinen Schwerpunkt setze ich bei der Grablegung Petri in Rom und versuche –bildlich

---

[1] siehe Abb. 1 im Anhang auf Seite 20

gesprochen- anhand einiger Indizien Licht in die vatikanischen Grotten unter Sankt Peter zu bringen.

Deshalb werde ich zunächst in Kapitel 2 erläutern, wie Petri Aufenthalt in Rom und sein dortiges Wirken aus kirchlicher Sicht beschrieben wird. Anschließend werde ich in Kapitel 3 auf das Petrusgrab als Indiz für seinen Romaufenthalt eingehen und aufzeigen, was gegen die Grablegung in Rom spricht. In Kapitel 4 werde ich meine Untersuchung hinsichtlich weiterer Hinweise für Petri Aufenthalt in Rom vorstellen, dazu gehören literarische Schlüsselstellen sowie die lange und konstante Petrustradition seiner Grabverehrung in Rom. Zuletzt stelle ich in Kapitel 5 meine Schlussbetrachtung vor.

2. War Petrus in Rom? – Einführung in die Fragestellung

Nach Ansicht der katholischen Kirche ist Petrus der erste Bischof von Rom – und somit auch selbst in Rom gewesen. Die ihm von Jesus persönlich zugesprochene Schlüsselgewalt sowie die Apostolische Sukzession begründen daher die Primatstellung des Papstes. Die Frage nach dem Aufenthalt des Apostels in Rom wird daher nicht unberechtigt „heiß diskutiert". *„Von der Kreuzigung und Bestattung [Petri] in den Neronischen Gärten berichtete erstmals Bischof Eusebius im 4. Jahrhundert".* [2] Nach christlicher Überlieferung reiste er nach Rom und bekehrte dort Menschen zum Glauben an Jesus Christus. Als direkter Zeuge Jesu Auferstehung berichtete er von seinen Erlebnissen und traf an diesem Ort sogar den Apostel Paulus, mit dem er gemeinsam Kaiser Neros Hofkünstler Simon Magus überführte. Als der Magier daraufhin bei seiner Flugkunst tödlich stürzte, ließ der zornige Kaiser die beiden Jünger Jesu in das Gefängnis Carcere Mamertino werfen.[3] Unter der Herrschaft Neros wurden viele Christen festgenommen und zum Tode verurteilt, unter dem Vorwand, sie seien für den Brand von Rom im Jahre 64 n. Chr. verantwortlich. So wurden auch die beiden Apostelfürsten Opfer einer Intrige Neros, dem bald übrigens selbst die Schuld für den großen Brand zugeschoben wurde. Nach kirchlicher Überlieferung gelang es Petrus jedoch, aus dem Gefängnis zu flüchten. An der Stadtgrenze Roms begegnete ihm Jesus. Dieser stellte ihm die Frage: *„Quo vadis dominae?"* (dt.: *„Wohin gehst du, Herr?"*) Daraufhin antwortete Jesus: *„Venio Romam iterum crucifigi."* (dt.: *Ich gehe nach Rom, um mich erneut kreuzigen zu lassen!"*)

---

[2] http://www.heiligenlexikon.de/Literatur/Grab_des_Petrus.html
[3] ebenda

5

Daraufhin beschloss Petrus nach Rom zurückzukehren, wo er anschließend den Märtyrertod erlitt. Aus freiem Willen ließ er sich, um nicht denselben Tod wie Jesus zu sterben, mit dem Kopf nach unten kreuzigen.[4] Die Hinrichtung fand nach der Überlieferung im Neronischen Zirkus statt, nahe dem Gelände, auf dem heute der Petersdom steht.[5] Anschließend wurde Petri Leichnam, wie die meisten der in diesem Zirkus Exekutierten, in einer Nekropole in den vatikanischen Gärten neben dem Zirkus Kaiser Neros begraben.

> *"Anderer Überlieferung nach wurde er zusammen mit dem des Paulus zunächst auf einem alten Friedhof an der Via Appia Antica beigesetzt, in den Katakomben des Sebastian [...]. Petrus' Reliquien wurden dann umgebettet an die Stelle, über der Kaiser Konstantin 324 die älteste Peterskirche errichten ließ[6][...]. Den Auftrag zur vollständigen Erneuerung dieser immer mehr zerfallenden Kirche erteilte Papst Nikolaus 1452, im Jahr 1626 konnte dieses Bauwerk, der Petersdom, fertig gestellt und eingeweiht werden. Unter dem Hochaltar werden Petrus' Gebeine verehrt."[7]*

Doch seit dem Mittelalter wird die Gründung der Gemeinde durch Petrus, sein dortiger Märtyrertod sowie seine Grablegung in Rom häufig infrage gestellt. „*Das Schweigen der Bibel [sei] ganz entscheidend*", so Oscar Cullmann in „Petrus: Jünger – Apostel –Märtyrer".[8] Papst Pius XII. forderte als erster Papst eindeutige Beweise und gab den Auftrag, Grabungen unter dem Petersdom durchzuführen.

3. Das Petrusgrab als möglicher Beweis für seinen dortigen Aufenthalt

Über das Thema, ob der heilige Petrus nun wirklich in Rom begraben wurde, streiten Wissenschaftler, Geistliche und Laien seit einiger Zeit. Bislang gibt es keine eindeutigen Beweise, die eine Grablegung des Apostels in Rom, zumindest für Kritiker, eindeutig genug belegen. Leider kann die Existenz einer dortigen Grabstätte Petri seinen Aufenthalt ebenfalls nicht ausreichend belegen – schließlich könnten die Gebeine nach seinem Tod umgebettet worden sein. Dennoch ist es wahrscheinlich, dass Petri sterbliche Überreste dort beigesetzt wurden, wo sein Martyrium stattfand. Darüber, dass er tatsächlich den

[4] vgl. http://www.verlag-bischoff.de/public_vfb/pages/de/family/wissen_und_lehre/2011-02-hw.html
[5] diese Überlieferung stammt z.t. aus den apokryphen Petrusakten, die um 180 – 190 n. Chr. entstanden sind (siehe auch Kapitel 4.1)
[6] des Weiteren vertritt die katholische Kirche die Auffassung, dass der Schädel Petri sich gemeinsam mit dem von Paulus im Tabernakel über dem Hochaltar in der Lateranbasilika befindet
[7] http://www.heiligenlexikon.de/BiographienP/Petrus.htm
[8]Peter Nathan, zitiert nach: http://www.visionjournal.de/visionmedia/article.aspx?id=5820

Märtyrertod erlitt, bestehen kaum Zweifel. Bei der Frage nach dem Ort des Geschehens ist man sich, wie gesagt, noch uneinig.

3.1. Argumentation für die Grablegung

Um die Grablegung Petri in Rom zu belegen, haben Experten recherchiert und einige literarische sowie archäologische Hinweise entdeckt. Archäologen können heute anhand vieler Indizien die Ereignisse der Geschichte ziemlich genau rekonstruieren, und beispielsweise *„relativ schlüssig belegen, dass [das] Armengrab [unter Sankt Peter] von frühster Zeit eine Stätte großer Verehrung war und durch alle Epochen blieb.“*[9] Auch die literarischen Zeugnisse, die ich im Folgenden nenne, können heute als „echt" bezeichnet werden, auch wenn diese Echtheit nicht von allen bestätigt wird - aber bekanntlich gibt es immer Befürworter und Gegner einer These.

3.1.1. Literarische Hinweise

> *„[Dass] die Peterskirche über dem Grab der Apostels Petrus errichtet worden ist, gehört zu den ältesten Lehren der katholischen Kirche. Das früheste Zeugnis, das auf die Möglichkeit einer solchen Grabstätte hinweist, stammt bereits aus einem Theologendisput des zweiten Jahrhunderts nach Christus. Damals hatte sich in Kleinasien eine christliche Sekte gebildet, deren Mitglieder sich "Kataphrygier" nannten. Die Anführer dieser Sekte versuchten ihre Rechtgläubigkeit durch die Behauptung zu beweisen, [dass] sie die Gebeine des Apostels Philippus [...] besäßen.“*[10]

Von Eusebius von Cäsarea, einem Bischof, Kirchenpolitiker und -historiker [11] stammt nun folgende Überlieferung: der römische Presbyter Gaius soll sich um 200 n. Chr. mir folgendem Argument an den Wortführer dieser eben genannten Sekte gewandt haben:

„Ich kann die Siegesdenkmäler[gr.: Tropaien] [...] der Apostel zeigen. Denn wenn du zum Vatikan gehen willst oder zur Straße nach Ostia, so wirst du die Siegesdenkmäler jener finden, die diese Kirche (in Rom) gegründet haben.“[12]

„Unter einem "Tropaion" [...] verstand man ein Erinnerungsmal, das die frühen Christen häufig an solchen Stellen errichteten, wo Märtyrer ihren Verfolgern zum

[9] Matthias König, Weihbischof in Paderborn: „Grab des hl. Petrus unter St. Peter in Rom", 2011
[10] „DER SPIEGEL", Ausgabe 52/1955, unbekannter Verfasser, entnommen aus: http://www.spiegel.de/spiegel/print/d-41960818.html
[11] vgl. „DER SPIEGEL", Ausgabe 15/1972, unbekannter Verfasser, entnommen aus: http://www.spiegel.de/spiegel/print/d-42971914.html
[12] Euseb. hist. eccl. 2,25,7; entnommen aus: Heid, Stefan; „Blutzeuge – Tod und Grab des Petrus in Rom", 1. Auflage 2010; Verlag Schnell & Steiner GmbH in Regensburg, S. 158

Opfer gefallen waren. "[13] Nun ist es sehr wahrscheinlich, dass mit diesem Tropaion die Aedicula gemeint ist, die sich unter dem Petersdom befindet und auf die ich im folgenden Kapitel näher eingehen werde. Dass dieses Monument aber nicht einfach willkürlich von jenen, die Petri Grab eindeutig in Rom sehen wollen, als Grab interpretiert wurde, lässt sich aus dem Kontext erschließen. Die wenig angesehenen Kataphrygier, auch Montanisten genannt, hatten es sich zum Ziel gemacht, ihre Autorität durch das Grab des Jüngers Philippus in Kleinasien zu bekräftigen und ihre Sonderlehre zu legitimieren.

> *„Dagegen setzte Gaius nun die Autoritäten der Kirche Roms, konkret die Gräber der Apostelfürsten. [...] [Er] spitzt dies [sogar] auf ihr Martyrium zu, indem er vom Grab als Tropaion [...] spricht. [...] Die Gräber [...] sind für Gaius „Siegesdenkmäler", insofern die Apostel in ihrem Leib den Tod besiegt haben. "*[14]

Dass sich dieses Siegesdenkmal nicht im Neronischen Zirkus, am Ort Petri Hinrichtung, sondern außerhalb auf einem Gräberfeld befindet, lässt darauf schließen, dass es nicht nur zur Markierung des Ortes des Martyriums dient, sondern tatsächlich ein Grab besitzt.[15]

Abgesehen von dem Disput zwischen Gaius und den Montanisten schildert Eusebius in seinen Schriften: *„Wie berichtet wird, wurde Paulus eben in Rom unter Nero enthauptet und Petrus gekreuzigt. Dieser Bericht wird bestätigt durch die noch bis heute erhaltenen Namen Petrus und Paulus in den römischen Zömeterien. "*[16] Mit dieser Aussage drückt der Kirchenvater seine Überzeugung aus, dass Todesort und –ursache beider Apostel bekannt sind. Die Namen in den römischen Zömeterien sind ein weiteres Indiz dafür, dass Petrus von Beginn an in Rom gekannt und verehrt wurde. Sie können zwar nicht mit absoluter Sicherheit seine dortige Grabstätte bezeugen, lassen jedoch trotzdem auf eine sehr frühe römische Petrusverehrung schließen und deuten auf die Besonderheit der Stadt Rom in Hinblick auf den Apostel hin.

3.1.2. Archäologische Hinweise

Nach dem Tod von Pius XI. waren Bauarbeiter im Jahr 1939 von seinem Nachfolger Papst Pius XII. damit beauftragt worden, auf Wunsch des

---

[13] „DER SPIEGEL", Ausgabe 52/1955, unbekannter Verfasser, entnommen aus: http://www.spiegel.de/spiegel/print/d-41960818.html
[14] Heid, Stefan; „Blutzeuge – Tod und Grab des Petrus in Rom", 1. Auflage 2010; Verlag Schnell & Steiner GmbH in Regensburg, S. 159
[15] ebenda
[16] Hist.eccl. 2,25,5; entnommen aus: http://www.zenit.org/article-17020?l=german

Verstorbenen ein Grab in den Grotten unterhalb der Peterskirche auszuheben. Dabei machten sie eine außergewöhnliche Entdeckung: sie fanden einen altrömischen Friedhof. Nach dieser „archäologischen Sensation" ordnete Papst Pius XII. weitere Grabungen an.[17] Die Suche dauerte von 1940 – 1949.[18]

> „An den Grabungen waren beteiligt: der Archäologe Enrico Josi, der Architekt Bruno Apollini-Ghetti sowie die Jesuiten Antonio Ferrura und Engelbert Kirschbaum; Regie führte der aus Deutschland stammende Prälat Ludwig Kaas (1881 - 1952)."[19]

Engelbert Kirschbaum beschreibt in seinem Buch „Die Gräber der Apostelfürsten" seine Entdeckungen sehr detailliert. Es schreibt, dass die Suche nach dem Grab an der Rückwand der Cappella Clementina begann, der Confessio Kapelle, die sich hinter der Palliennische[20]unter dem heutigen Papstaltar befindet.[21]

> „Nach dem Grabe des Apostelfürsten genau an dieser Stelle zu suchen, war wohl die einzige Möglichkeit; denn genau an dieser Stelle wurde nachweisbar [...] schon seit Konstantins Zeiten das Grab des hl. Petrus verehrt. Eine 1600-jährige Kultstelle ernst genommen zu haben bedarf keiner Rechtfertigung",[22] so Kirschbaum.

Auf diese Verehrung des Grabes werde ich in einem späteren Teil meiner Facharbeit eingehen. Zunächst widme ich mich aber den archäologischen Befunden bezüglich des Petrusgrabes.

Während der Grabungen fanden die Ausgräber unter dem Petersdom eine riesige Nekropole mit Mausoleen, die vermutlich um 200 n. Chr. von reichen Römern errichtet worden ist. An der Stelle, direkt unter der Peterskuppel, stießen sie auf eine zerstörte Ädikula.

> „Diese Ädikula war zweifellos das eine der beiden Erinnerungsmäler (Tropaien), mit denen der römische Presbyter Gajus um 200 nach Christus gegen die kleinasiatischen Sektierer aufgetrumpft hatte. Nach kirchlicher Überlieferung [musste] es damit zugleich das Grabmal des Apostelfürsten sein. [...]Nach ihrer eigenen Schilderung fanden die päpstlichen Archäologen die Ädikula - die auch "Memoria Petri" genannt wird - in einer Nische, die in die Wand eines benachbarten altrömischen Mausoleums eingelassen war. Wegen ihrer Farbe nannten sie die Wand die "Rote Mauer"."[23]

[17]vgl. „DER SPIEGEL", Ausgabe 52/1955, unbekannter Verfasser, entnommen aus: http://www.spiegel.de/spiegel/print/d-41960818.html
[18] http://www.heiligenlexikon.de/Literatur/Grab_des_Petrus.html
[19] ebenda
[20] siehe Abb. 2 im Anhang auf Seite 20
[21]Engelbert Kirschbaum, „Die Gräber der Apostelfürsten", 1959 von Verlag Heinrich Scheffler in Frankfurt a.M., S. 47/48
[22] ebenda
[23] vgl. „DER SPIEGEL", Ausgabe 52/1955, unbekannter Verfasser, entnommen aus: http://www.spiegel.de/spiegel/print/d-41960818.html

Fernerhin fanden sie weitere Arme-Leute-Gräber in der Nähe dieser Ädikula.[24] Diese ist nach Meinung der Ausgräber das älteste Bauwerk unter St. Peter und wurde im ersten Jahrhundert nach Christus über dem Grab Petri errichtet. Die Ausgräber hatten jedoch direkt unter der Ädikula keine Spuren eines Grabes gefunden, entdeckten jedoch in einem Loch in der „Roten Mauer" menschliche Gebeine, welche ihrer Auffassung nach die Gebeine des Apostels Petrus seien. Für Papst Pius XII. sind die Grabungen somit zu einem befriedigenden Ergebnis gekommen. Die Befunde seien für ihn von „größter Reichhaltigkeit und Bedeutung"[25]. Das Schlussergebnis der Arbeiten und Studien beantwortete die Frage, ob das Grab des Apostelfürsten nun gefunden worden ist, mit einem Ja. „Kirschbaums Grabungsbericht enthält [jedoch] zum Teil sehr vage Aussagen."[26] Einige Forscher, darunter A. Prandi, T. Klauser und A. M. Schneider, entdeckten in seinem Grabungsbericht Inkorrektheiten, sodass Kirschbaum nachträglich selbst „Unvollständigkeiten in der Beschreibung [sowie] [...] kleinere und größere Widersprüche"[27] einräumte. Schlussfolgernd kann man also sagen: ein um 200 n. Chr. entstandenes Grabmal (Tropaion) wurde tatsächlich gefunden. Hinsichtlich der Gebeine des Apostels blieb die Unklarheit jedoch erst einmal bestehen. Es passierten Fehler, denen die Archäologin und Epigraphikerin Dr. Margherita Guarducci etwa 11 Jahre später auf den Grund geht. Die gläubige Katholikin wollte Gewissheit darüber, ob in der Legende vom Petrusgrab tatsächlich ein wahrer Kern steckt. An einer Wand in der Nekropole unter dem Petersdom entdeckt sie in den 50er Jahren antike Graffitis mit einer überzeugenden Botschaft: hier ist Petrus. Sie traf Giovanni Segoni, der bei den Grabungen 11 Jahre zuvor anwesend war.[28] Sie schilderte:

> *„Irgendwann sagte ich zu einem der Aufseher, Giovanni Segoni: Wenn ich bloß wüsste, was sich in dieser Nische befunden hat! Dann hätte ich gewiss einen Schlüssel zum Verständnis dieser [Graffitis]. Segoni entgegnete mit aller Selbstverständlichkeit: Da können wir ja mal nachsehen."[29]*

Segoni erzählte Guarducci von einer Entdeckung, die er an jenem Tag kurz vor Feierabend machte: er fand in der Graffitimauer eine Nische, in der sich Gebeine

[24] siehe Abb. 3 im Anhang auf Seite 21
[25] http://www.heiligenlexikon.de/Literatur/Grab_des_Petrus.html
[26] ebenda
[27] ebenda
[28] vgl. http://www.zdf.de/ZDFmediathek/beitrag/video/1006734/Tod-in-Rom---Petrus%252C-der-Fels
[29] http://www.heiligerantonius.org/messaggero/pagina_stampa.asp?R=Spiritualit%E4t&ID=134

befanden, welche er auf Anweisung von Prälat Kaas barg, in einen beschrifteten Karton legte und in einem kleinen Nebenraum lagerte. Diese so lang unbeachtete Kiste suchte die Archäologin dann gemeinsam mit Segoni wieder auf, in der Hoffnung nun endgültig die sterblichen Überreste des heiligen Petrus zu finden. Margherita Guarducci übergab die Knochen einem Anthropologen zur Untersuchung nach der Radio-Karbon Methode. Die Ergebnisse dieser Untersuchung sprechen für sich: bei den Knochen handelt es sich um die Gebeine eines älteren Mannes aus der Epoche des heiligen Petrus. Sie zeigen Verletzungen, wie sie für eine Kreuzigung typisch sind. Zudem haften an ihnen Reste eines wertvollen Stoffes, die eventuell von dem Totengewand des Apostelfürsten stammen könnten.[30]

Papst Paul VI. verkündete aufgrund dieser Entdeckung am 26. Juni 1968: *„Die Reliquien des hl. Petrus sind in einer Weise identifiziert worden, die wir als überzeugend annehmen können"*[31]

3.2 Argumentation gegen die Grablegung in Rom

„Um die Ädikula, die Rote Mauer und die Arme-Leute-Gräber brach 1952 eine mit allen Finessen der Archäologie geführte Kontroverse aus [...]."[32] Dr. phil. Dr. Ing. Armin von Gerkan[33] meint, dass die Auffassung, die Ädikula sei das älteste Bauwerk jener römischen Nekropole und man habe damals bei der Errichtung der Roten Mauer eine Wand ausgespart um das Apostelgrab und das kleine Monument zu erhalten, nicht annehmbar sei. Er geht davon aus, dass die „Rote Mauer" älter ist als die Ädikula und die Nische nachträglich ausgehauen worden ist, damit das Tropaion errichtet werden konnte. Die Bestattung einer Leiche unter dem kleinen Monument sei wegen Platzmangels gar nicht möglich gewesen. Zu der Aussage, in der Roten Mauer seien die Reliquien Petri gefunden worden, bemerkte er, dass seiner Auffassung zufolge nach dem Toleranzedikt Konstantins um 313 nach Christus eine Suche nach den Gebeinen Petri

[30] vgl. http://www.zdf.de/ZDFmediathek/beitrag/video/1006734/Tod-in-Rom---Petrus%252C-der-Fels
[31] http://www.heiligenlexikon.de/Literatur/Grab_des_Petrus.html
[32] vgl. „DER SPIEGEL", Ausgabe 52/1955, unbekannter Verfasser, entnommen aus: http://www.spiegel.de/spiegel/print/d-41960818.html
[33] „Teufelsadvokat", der 1952 von der katholischen Kirche als Jurist des kanonischen Rechts bestellt wurde und gegen die Grablegung Petri in Rom ermittelte

11

unternommen wurde, bei der man vor allem unter der Ädikula grub, wo das Grab vermutet wurde.[34] Er vermutet die Situation folgendermaßen:

> *„Man grub ... nur etwa einen Meter tief und fand nichts. Man griff das Fundament der 'Roten Mauer' an, in der Hoffnung, eine Grabkammer zu finden, man durchbrach schließlich die Mauer ..., natürlich ohne jeden Erfolg ... Es fanden sich, wie überall in Nekropolen, einige vereinzelte Gebeine, und man deponierte sie daselbst ..., wo sie jetzt wieder gefunden sind." Teufelsadvokat Gerkan meinte, [dass] "die Gebeine Petri selbstverständlich in einem Prachtsarkophag aufbewahrt worden wären, wenn man sie (bei der konstantinischen Suchaktion) gefunden hätte."[35]*

Oscar Cullmann behauptet zudem, dass römische Christen bis 160 n. Chr. - das Jahr in dem das gefundene Monument ungefähr errichtet worden ist - gar kein Interesse an der Stätte gehabt hätten. Jürgen Zangenberg ergänzt: *„Erst zur Zeit Konstantins [...] wurde die Stätte fest und endgültig von Christen übernommen [...]"[36]*

Ein weiterer Hinweis, den Kritiker gegen eine Grablegung in Rom verwenden, ist eine in den 1950er Jahren in Jerusalem gemachte Entdeckung: Man fand ein Grab mit einem Ossuarium, auf dem „Simon Barjona" eingraviert war. Dies lässt für manche darauf schließen, dass Petrus niemals in Rom gewesen ist und in Jerusalem begraben wurde.

Für Kritiker der katholischen Lehre ist auch die literarische Quellenlage nicht ausreichend, um Petri Aufenthalt und Grab in Rom zu belegen.

> *„Niemandem, der ausschließlich mit Belegen aus dem 1. Jahrhundert arbeitet, kann die Disparität zwischen der einstimmigen Lehre der Kirche [...] und dem Fehlen jedes „streng historischen Beweises", dass Petrus jemals in Rom war, nicht auffallen."[37]*, heißt es von Seiten der Kritiker.

Des Weiteren argumentiert Oscar Cullmann:

> *„Wenn wir irgendwo in unseren antiken Quellen einen Bericht über das Lebensende des Petrus erwarten sollten, dann in der Apostelgeschichte. Tatsächlich enthält sie aber nicht die geringste indirekte Anspielung auf einen Aufenthalt dieses Apostels in Rom."[38]*

Otto Zwierlein schildert in seinem Buch „Petrus in Rom. Die literarischen Zeugnisse", dass

---

[34] vgl. „DER SPIEGEL", Ausgabe 52/1955, unbekannter Verfasser, entnommen aus:
http://www.spiegel.de/spiegel/print/d-41960818.html
[35] ebenda
[36] vgl. Peter Nathan: http://www.visionjournal.de/visionmedia/article.aspx?id=5820&rdr=true&LangType=1031
[37] ebenda
[38] ebenda

*„Pseudo-Ignatius[39] zwischen 170 bis 190 in seinem Brief an die Römer
den irrigen Schluss [zog], dass Petrus und Paulus gemeinsam in Rom
waren. Aber weder dem Pseudo-Ignatius noch Bischof Dionysios von
Korinth um 170 hätten beide Apostel als Märtyrer gegolten."[40]*

Zusammenfassend kann man sagen: Kritiker sehen die archäologischen und
literarischen Beweise als wenig glaubwürdig an. Schließlich gibt es kein Material,
welches eindeutig DNA des Apostels aufweist und somit einen Vergleich der
archäologischen Befunde mit dem echten genetischen Material Petri ermöglicht.
Auch die literarischen Quellen werden als unglaubwürdig eingestuft und das
Schweigen des Neuen Testamentes als Argument gegen den Aufenthalt und die
Grablegung Petri verwendet.

3.3 Zusammenfassung und Kritik

Wie eben erläutert halten Kritiker eine Grablegung des heiligen Petrus in Rom für
ein Gerücht. Womöglich, weil es kein Material gibt und geben wird, welches
eindeutig die DNA des Apostels aufweist und somit einen Vergleich der
archäologischen Befunde mit dem echten genetischen Material Petri ermöglicht.
Auch die literarischen Quellen werden als unglaubwürdig eingestuft und das
Schweigen des Neuen Testamentes als Argument gegen den Aufenthalt und die
Grablegung Petri verwendet. Ich persönlich halte die Argumente der Kritiker für
wenig überzeugend. Für mich gibt es, abgesehen von meiner Glaubenseinstellung,
ausschlaggebende Indizien, die für die Grablegung in Rom sprechen. Auch wenn
ich zugeben muss, dass das Neue Testament diesbezüglich tatsächlich schweigt,
halte ich die Überlieferung des Disputes zwischen Gaius und den Montanisten für
einen überzeugenden Beleg dafür, dass sich das Petrusgrab in Rom befindet. Die
Tatsache, dass man bei Grabungen im 20. Jahrhundert das von Gaius genannte
Tropaion wirklich gefunden hat, zeugt zum einen davon, dass es sich hierbei nicht
um eine unerklärliche Reihe von Zufällen handelt, die für die Grabstätte Petri in
Rom sprechen, zum anderen spricht dieser Befund auch sehr stark für die
Glaubhaftigkeit der Schriften des Eusebius, die weitere Informationen über den
Romaufenthalt des Apostels enthalten.
Ich denke, dass es auch in Zukunft keine Quellen und Befunde geben wird, die für
Kritiker die Grablegung Petri in Rom eindeutig beweisen. Wem diese Kette von

[39] siehe Kapitel 4
[40] vgl.: Rainer Riesner; „Blutzeuge – Tod und Grab des Petrus in Rom",1. Auflage 2010, Verlag
Schnell & Steiner GmbH in Regensburg, S. 13

Indizien und/oder der Glaube an die katholische Kirche nicht ausreichen, der hofft offenbar auf ein Dokument, das es nie geben wird – eine Sterbeurkunde, die besagt: SIMON BARJONA WURDE NICHT IN ROM BEGRABEN.

4. Weitere Hinweise für Petri Aufenthalt in Rom

Abgesehen von der Tatsache, dass Petri Grabstätte von vielen Forschern und Geistlichen in Rom vermutet wird, gibt es weitere Hinweise, die auf einen Aufenthalt, ein Martyrium sowie die Besonderheit des Ortes in Bezug auf den Apostel hinweisen. Dazu gehören Schriften wie der erste Brief des Klemens an die Korinther und der Brief des Ignatius an die Römer. Diese sogenannten apokryphen Schriften sind christliche Quellen, die nicht in den Kanon der Bibel aufgenommen worden sind. Des Weiteren spricht die starke und kontinuierliche Verehrung der Stelle, über der sich heute der beeindruckende Petersdom befindet, für eine herausragende Bedeutung dieses Ortes. Diese Tradition bezeugt seit den *„ältesten Jahren [...], dass Petrus hier [in Rom] gestorben und begraben worden ist"*. [41]

4.1. Literarische Hinweise

Tatsächlich schweigt das Neue Testament darüber, ob Petrus nun wirklich in Rom war. Es gibt jedoch auch Experten, die glauben in der Grußformel des ersten Petrusbriefs *„Es grüßt euch die miterwählte Gemeinde in Babylon [...]"* [42] in dem Namen „Babylon" einen Decknamen für Rom entdeckt zu haben. Dieser sei *„ hier [...] Inbegriff der Verworfenheit des heidnischen [Roms]"*. [43] Man geht davon aus, dass es für die Römer damals *„absolut möglich und natürlich (war), das alte Babylonische Reich [auch genannt die „Hure Babylon"] [...] im Hinblick auf Dekadenz und Sittenverfall"* [44] mit Rom zu vergleichen. In der Offenbarung des Johannes dient der Name „Babylon" tatsächlich als Chiffre für Rom. Da diese Schrift jedoch aus dem 2. Jahrhundert stammt, gibt es für eine derartige Nutzung des Namens im ersten Petrusbrief keine ausreichenden Beweise. [45]

---

[41] Ernst Dassmann: http://www.welt.de/kultur/article6651588/Streit-um-die-Frage-War-Petrus-niemals-in-Rom.html
[42] 1. Petrusbrief, Kapitel 5, Vers 13entnommen aus: Christian Gnilka; „Blutzeuge – Tod und Grab des Petrus in Rom"; 1. Auflage 2010, Verlag Schnell & Steiner GmbH in Regensburg, S.54f.
[43] Christian Gnilka; „Blutzeuge – Tod und Grab des Petrus in Rom"; 1. Auflage 2010, Verlag Schnell & Steiner GmbH in Regensburg, S.54f.
[44] Peter Nathan: http://www.visionjournal.de/visionmedia/article.aspx?id=5820&rdr=true&LangType=1031
[45] vgl. Peter Nathan: http://www.visionjournal.de/visionmedia/article.aspx?id=5820&rdr=true&LangType=1031

Des Weiteren enthalten die sogenannten Petrusakten Informationen über das Leben und Sterben des Apostels, wie ich sie bereits in Kapitel 2 beschrieben habe. Diese Akten sind um 180 – 190 n. Christus entstanden und beschrieben u.a. die berühmte „Quo-vadis"-Szene, bei der Begegnung Petri mit dem auferstandenen Jesus Christus am Stadtrand Roms. Des Weiteren wird Petrus in dieser apokryphen Schrift als ein weiser Leiter der römischen Gemeinde und Vorbild für das Martyrium beschrieben.[46]

Als weiterer Hinweis für ein Martyrium gilt der erste Brief des Clemens an die Korinther. Clemens lebte von ca. 50 n. Chr. bis etwa 101 n. Chr. und wird als dritter Nachfolger Petri als Bischof von Rom angesehen. Er soll Petrus persönlich gekannt haben[47] und schrieb in seinem Brief an die Korinther: „Petrus, der wegen ungerechter Eifersucht [...] vielerlei Mühseligkeiten erduldet hat, nachdem er so sein Zeugnis (für Christus) abgelegt hatte."[48] Anhand dieser Schrift wird deutlich, dass man in Rom schon sehr früh von einem Martyrium des Apostels Petrus gewusst haben muss. Für Prof. Markus Bockmuehl „deutet die bloße Erwähnung von Petrus [...] mit Namen darauf hin, dass Clemens und die Gemeinde in Rom [ihn] persönlich kannten, und [dies] beweist somit, dass Petrus in Rom war."[49]

Des Weiteren wird der Brief des Ignatius an die Römer als Indiz für Petri Martyrium in Rom gesehen. Ignatius lebte von ca. 35 n. Chr. bis ca. 117 n. Chr. (genaues Todesjahr unbekannt) und war Bischof von Antiochien. Er ist bekannt für seinen starken Glauben und seinen Märtyrertod in Rom. Auf der Reise dorthin verfasste er „Sieben Heilige Briefe", die heute in der Regel als echt angesehen werden.[50] In seinem Brief an die Römer schrieb er: „Nicht wie Petrus und Paulus befehle ich euch. Jene waren Apostel, ich bin ein Verurteilter; jene waren frei, ich bin bis zur Stunde ein Sklave"(Ign. Rm. 4,3).[51] Diese Aussage als bloßes Eingeständnis Ignatius' einzustufen, in dem er zugibt nicht die gleiche Geltung wie die Apostel zu besitzen ist „unzulässig". Bei solch einer Interpretation ist die Aussage für Ignatius nicht mehr als eine Diskriminierung seiner selbst und ein offenes Bekenntnis zu seinem Mangel an Autorität, weil er nicht wie Petrus und Paulus, also kein Apostel, ist. In diesem Fall hätte er sich „den ganzen Brief

[46] vgl. Manfred Jacobs, „Zugänge zur Kirchengeschichte 2 – Das Christentum in der antiken Welt", Göttingen: Vadenhoeck und Ruprecht, 1987, S.51
[47] vgl. http://www.oki-regensburg.de/clemens.htm
[48] 1. Clemensbrief, 5. Kapitel, V. 3 – 5 entnommen aus: http://www.unifr.ch/bkv/kapitel4-5.htm
[49] Peter Nathan: http://www.visionjournal.de/visionmedia/article.aspx?id=5820&rdr=true&LangType=1031
[50] vgl. http://www.heiligenlexikon.de/BiographienI/Ignatius_von_Antiochien.htm
[51] Ign. Rm. 4,3 entnommen aus: http://www.unifr.ch/bkv/kapitel9-4.htm

sparen können"[52]. Es steckt also mehr dahinter: Ignatius setzt an dieser Stelle das Martyrium der Apostelfürsten voraus.

„[Er] greift [...] die Apostel heraus, weil sie ihm als die Exponenten der römischen Märtyrer gelten. Bestünde über das Martyrium der Apostel Zweifel und müsste er damit rechnen, dass die Römer selbst von keinem Martyrium wussten, so nutzte ihm der Apell an die Apostel gar nichts, sondern schadete ihm sogar"[53]

4.2. Die Petrustradition

Das stärkste Indiz, welches für einen Aufenthalt und eine Grablegung Petri in Rom spricht, ist verbreiterter Meinung zufolge die langjährige und kontinuierliche Petrusverehrung in Rom, insbesondere an der Stelle, wo sich heute der riesige Petersdom befindet. *„Kaum hundert Jahre nach dem Tod des Apostels anerkennen die Vertreter der römischen Gemeinde einen genau umschriebenen Platz des Vatikans als das Grab des heiligen Petrus, wie die Erbauung des Tropaions*[54]*beweist."*[55]*„Dies schließt ein höheres Alter der Verehrungspraxis jedoch nicht aus."*[56] Es liegt in diesem Fall also eine Kultkontinuität vor. Die römische Gemeinde hat seit 160 n. Chr. den Apostel an genau diesem Ort verehrt. Zudem lässt sich feststellen, dass keine weitere Stadt des „christlichen Erdkreises"[57] neben Rom jemals behauptet hat, bei ihnen sei das Grab Petri.[58]Auch die bauliche Eigenart der ersten Peterskirche, die in der ersten Hälfte des vierten Jahrhunderts im Auftrag Kaiser Konstantins errichtet worden ist, zeugt von einer besonderen Bedeutung des Ortes sowie von einer tiefen Überzeugung des Bauherrn. Unterhalb der vatikanischen Grotten unter Sankt Peter fand man (wie bereits erwähnt) eine antike Nekropole mit Mausoleen. *„Dutzende Grabanlagen ließ der aller christlichste Kaiser zuschütten, um den Bauplatz für seine Kirche zu planieren"*[59] Die aufwendigen Bauarbeiten sind ein *„klares Bekenntnis zum Grabe des Apostelfürsten, von dessen Vorhandensein an dieser*

---

[52] Heid, Stefan: „Blutzeuge – Tod und Grab des Petrus in Rom", 1. Auflage 2010, Verlag Schnell & Steiner GmbH in Regensburg, S. 102
[53] ebenda
[54] um 160 datiert
[55] Kirchbaum, Engelbert: „Die Gräber der Apostelfürsten", 1959 von Verlag Heinrich Scheffler in Frankfurt a.M.; S.119
[56] Heid, Stefan; „Blutzeuge – Tod und Grab des Petrus in Rom"; 1. Auflage 2010; Verlag Schnell & Steiner GmbH in Regensburg, S. 159
[57] ebenda
[58] vgl. Ernst Dassmann: http://www.welt.de/die-welt/kultur/article6643178/Fuer-Petrus-spricht-die-Kontinuitaet-der-Verehrung.html
[59] http://www.zdf.de/ZDFmediathek/beitrag/video/1006734/Tod-in-Rom---Petrus%252C-der-Fels

16

Stelle man überzeugt war "[60]. Konstantin muss also sehr sicher in der Annahme gewesen sein, dass sich das Grab an genau dieser Stelle befindet. *„Wie sehr er davon überzeugt war, beweisen die Schließung der Nekropole und die gewaltigen Erdarbeiten für den Bau der Basilika."[61]* Konstantin gilt übrigens als besonnener Politiker, dem man bislang in seinen Memorialbauten noch keinen historischen Irrtum hat nachweisen können.[62]

Zusammenfassend kann man sagen: *„die ununterbrochene Verehrung gerade dieses Ortes ist [...] das stärkere Indiz, dem die archäologischen Befunde nur sekundieren."[63]*

Diese ununterbrochene Verehrung hält zudem an: bis heute reisen Pilger aus aller Welt nach Rom, um den Ort zu besuchen, der schon seit fast 2000 Jahren verehrt wird. Seit Konstantin wurde die ursprüngliche Peterskirche einige Male erneuert, sodass der heutige, riesige und beeindruckende Petersdom entstand, mit einer unglaublichen Bandbreite von Kunstwerken der bedeutendsten Künstler der Geschichte zu Ehren des ersten Bischofs von Rom – Simon Barjona, der Felsen. Kaum ein anderer Ort strahlt einen derartigen Glanz aus. Kaum ein anderer Ort reißt seinen Besucher in einen derartigen Bann und entführt ihn auf eine Zeitreise.

5. Schlussbetrachtung

Bei der Beantwortung der Fragestellung *„Das Petrusgrab in Rom als Beweis seines dortigen Aufenthaltes?"* ist mir zunächst folgendes aufgefallen: eine Grablegung in Rom ist kein Beweis für einen Romaufenthalt. Schließlich ist die Überführung von Gebeinen in andere Städte möglich und auch denkbar. Abgesehen von der Tatsache, dass ich persönlich das Petrusgrab in Rom als echt anerkenne, gibt es, wie meine Facharbeit belegt, noch andere Beweise, die für einen dortigen Aufenthalt des Simon Barjona sprechen.

Während meiner Recherchen musste ich feststellen, dass es eine kaum überschaubare Anzahl an literarischen Werken, Expertenmeinungen und Untersuchungen zu diesem Thema gibt. Es wurde sehr deutlich, dass man diesbezüglich schon lange diskutiert und sich nicht einig wird. Offenbar lässt sich die Frage nach dem Romaufenthalt Petri tatsächlich, neutral gesehen, nicht mit einem präziseren Wort

[60] Kirschbaum, Engelbert: „Die Gräber der Apostelfürsten", 1959 von Verlag Heinrich Scheffler in Frankfurt a.M., S.58
[61] ebenda
[62] ebenda
[63] Matthias König, Weihbischof in Paderborn: „Grab des hl. Petrus unter St. Peter in Rom", 2011

als „wahrscheinlich" beantworten. Dennoch habe ich herausgefunden, dass es viele Hinweise, damit meine ich beispielsweise die Schriften des Eusebius, den spektakulären Fund von Margherita Guarducci und vor allem die lange und kontinuierliche Petrusverehrung, gibt, die, besonders im Zusammenhang betrachtet, für die Romreise des Apostels sprechen. Den Kritikern der katholischen Lehre muss ich Recht geben, wenn sie sagen, dass das Schweigen des Neuen Testaments merkwürdig ist und Anlass zum Zweifel gibt. Die Frage ist aber: „muss" das Neue Testament den Aufenthaltsort Petri aus irgendeinem Grund nennen? Meine Antwort lautet: nein. Ich glaube, dass es für die Evangelisten überhaupt keine Rolle spielte, wo Petrus sich in den letzten Jahren seines Lebens aufhielt. Das entscheidende und wirklich Wichtige ist doch:

„Du bist Petrus, und auf diesen Felsen will ich bauen meine Gemeinde, und die Pforten der Hölle sollen sie nicht überwältigen. Und ich will dir des Himmelsreichs Schlüssel geben: alles, was du auf Erden binden wirst, soll auch im Himmel gebunden sein, und alles, was du auf Erden lösen wirst, soll auch im Himmel los sein."[64]

Wer und was kann also für Christen die Autorität des heiligen Petrus mehr beglaubigen, als Jesus Christus, der Erlöser, persönlich? Für Gläubige ist die Antwort klar: niemand. Genau hier liegt in meinen Augen der Grund, warum die Evangelisten über den Romaufenthalt Petri schweigen – der Aufenthaltsort des Jüngers war bedeutungslos. Bedeutend waren vor allem die eben genannten Worte Jesu.

Zum Schluss möchte ich sagen: wenn ich als Gläubige bekenne *„Ich glaube an die heilige katholische Kirche"*, so sage ich gleichzeitig auch: ich glaube daran, dass Simon Barjona, Petrus, in Rom war und dort Zeugnis ablieferte für den Erlöser der Menschheit, Jesus Christus.

„Für den Gläubigen ist [der Petersdom] ein „starker" Ort, an dem für ihn berührbar wird, was die christliche Überlieferung von Petrus weitergegeben hat: Er, der im entscheidenden Moment seinen Herrn verleugnete, um sein eigenes Leben zu retten, hat es hier in Rom für Christus und seine Frohe Botschaft hingegeben. Auf diesem Zeugnis haben Christen seitdem ihren eigenen Glauben aufbauen können[...]"[65]

---

[64] Mt 16, 18 – 20 entnommen aus: http://www.bibel-online.net/text/luther_1912/matthaeus/16/

[65] Matthias König, Weihbischof in Paderborn: „Grab des hl. Petrus unter St. Peter in Rom", 2011

6. Literaturverzeichnis

1) 1. Clem 5, 3 – 5. Online im Internet: http://www.unifr.ch/bkv/kapitel4-5.htm (Stand 06.03.2011, 18:20 Uhr)

2) 1. Petr 5, 13 entnommen aus: Christian Gnilka; „Blutzeuge – Tod und Grab des Petrus in Rom"; 2010 in Regensburg von Verlag Schnell & Steiner GmbH

3) DER SPIEGEL: „Gebeine in der Roten Mauer", Ausgabe 52/1955, unbekannter Verfasser, entnommen aus: http://www.spiegel.de/spiegel/print/d-41960818.html (Stand 06.03.2011, 15:55 Uhr)

4) DER SPIEGEL: „Arabische Version", Ausgabe 15/1972, unbekannter Verfasser, entnommen aus: http://www.spiegel.de/spiegel/print/d-42971914.html (Stand 06.03.2011, 18:43 Uhr)

5) Heid, Stefan u. Gnilka, Christian u. Rainer Riesner: „Blutzeuge – Tod und Grab des Petrus in Rom"; 2010 in Regensburg von Verlag Schnell & Steiner GmbH

6) Ign. Rm. 4,3. Online im Internet: http://www.unifr.ch/bkv/kapitel9-4.htm (Stand 06.03.2011, 15:10 Uhr)

7) Jacobs, Manfred: „Zugänge zur Kirchengeschichte 2 – Das Christentum in der antiken Welt", 1987 in Göttingen von Vadenhoeck und Ruprecht

8) Kirschbaum, Engelbert: „Die Gräber der Apostelfürsten", 1959 von Verlag Heinrich Scheffler in Frankfurt a.M.

9) König, Mattias, Weihbischof in Paderborn: „Grab des hl. Petrus unter St. Peter in Rom", 2011 vom Weihbischof auf meine Anfrage hin verfasste Ausführung

10) Mt 16, 18-20. Online im Internet: http://www.bibel-online.net/text/luther_1912/matthaeus/16/ (Stand 17.02.2011, 23:45 Uhr)

11) Nathan, Peter: „War Petrus jemals in Rom?" aus Jg. 10/ Nr. 3. Online im Internet: http://www.visionjournal.de/visionmedia/article.aspx?id=5820 (Stand 11.02.2011, 12:35 Uhr)

12) http://www.heiligenlexikon.de/BiographienI/Ignatius_von_Antiochien.htm (Stand 06.03.2011, 15:30 Uhr) Unbekannter Verfasser: „Ignatius von Antiochien".

13) http://www.heiligenlexikon.de/BiographienP/Petrus.htm (Stand 06.03.2011, 17:40 Uhr) Unbekannter Verfasser: „Petrus".

14) http://www.heiligenlexikon.de/Literatur/Grab_des_Petrus.html (Stand 11.02.2011, 12:57 Uhr) Bouzek, Helmut: „Das Grab des Petrus".

15) http://www.heiligerantonius.org/messaggero/pagina_stampa.asp?R=Spiritualit%E4t &ID=134 (Stand 13.03.2011, 19:40 Uhr) Imbach, Joseph: „Reliquienfahndung in feuchten Grotten"

16) http://www.oki-regensburg.de/clemens.htm (Stand 13.03.2011, 21:55 Uhr) Rauch, Albert: „Die Verehrung des heiligen Clemens".

17) http://www.verlag-bischoff.de/public_vfb/pages/de/family/wissen_und_lehre/2011-02-hw.html (Stand 14.03.2011, 17:15 Uhr) Unbekannter Verfasser: „Die Petrusakten".

18) http://www.welt.de/die-welt/kultur/article6643178/Fuer-Petrus-spricht-die-Kontinuitaet-der-Verehrung.html (Stand 11.02.2011, 12:16 Uhr) Dassmann, Ernst:"Für Petrus spricht die Kontinuität der Verehrung".

19) http://www.welt.de/kultur/article6651588/Streit-um-die-Frage-War-Petrus-niemals-in-Rom.html (Stand 11.02.2011, 12:20 Uhr) Dassmann, Ernst: „Streit um die Frage: War Petrus niemals in Rom?".

20) ZDF Dokumentation (2010) „Tod in Rom – Petrus der Fels". Online im Internet: http://www.zdf.de/ZDFmediathek/beitrag/video/1006734/Tod-in-Rom---Petrus%252C-der-Fels (Stand 15.03.2011, 16:00 Uhr)

7. Anhang
   7.1. Anlagen:

   Abbildung 1

(Quelle: http://www.weltum.de/weltum/img/petersdom_1_.jpg)

   Abbildung 2 :

(Quelle : http://www.heiligenlexikon.de/Literatur/Grab_des_Petrus.html)

Abbildung 3 :

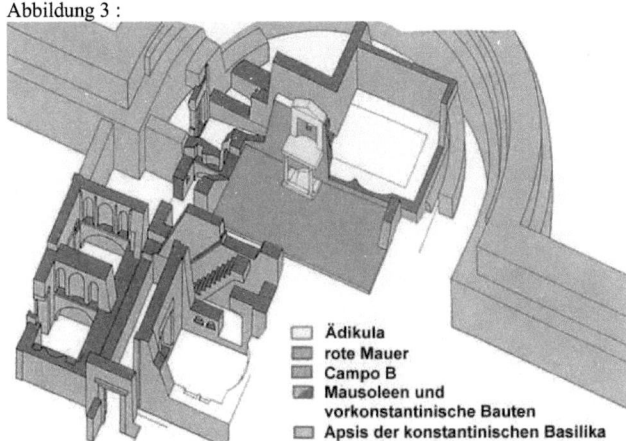

Ädikula
rote Mauer
Campo B
Mausoleen und
vorkonstantinische Bauten
Apsis der konstantinischen Basilika

(Quelle: http://www.heiligenlexikon.de/Literatur/Grab_des_Petrus.html)